AF586341

NOTES

SUR

QUELQUES MATIÈRES TINCTORIALES

DES CHINOIS

PAR

J.-O. DEBEAUX

Pharmacien-major de 2e classe, membre correspondant de la Société de Pharmacie de Bordeaux, etc., Chevalier de la Légion-d'Honneur.

PARIS

F. SAVY, LIBRAIRE-ÉDITEUR

24, RUE HAUTEFEUILLE.

1866

NOTES

SUR

QUELQUES MATIÈRES TINCTORIALES DES CHINOIS

L'art de la teinturerie est des plus anciens à la Chine. Nous trouvons en effet dans le livre *Chou-King,* qui remonte à l'antiquité la plus reculée, et au chapitre intitulé *Yû-Kong,* l'indication des localités où croissent les plantes qui produisent les couleurs noire et rouge. Dans les chapitres *Chi-King* et *Li-King* de ce même livre, il est aussi question du **Tsan-lan** (*Indigofera tinctoria* Lin.), du **Hong-lan** (*Polygonum-tinctorium* Lin.), et de plusieurs autres plantes dont on retire les teintures rouge, bleue et violette. On indique également quelle est la saison la plus favorable pour faire la récolte des plantes, et la manière de les recueillir; enfin on y traite des procédés employés pour en obtenir les matières colorantes.

Sous les trois premières dynasties (1) de notre ère, la teinturerie n'était pas une profession, et chaque habitant du Céleste-Empire savait teindre de couleurs différentes les étoffes de soie ou de coton nécessaires pour les besoins de sa famille.

La teinturerie se pratiquait à froid, et on répétait le trempage plusieurs fois. La soie et le coton exigeaient sept jours et sept nuits pour être teints, après quoi on les exposait au soleil, ou mieux encore à la vapeur de l'eau bouillante pour faire ressortir l'éclat de la couleur.

(1) Ces dynasties sont les suivantes : la dynastie des *Hânn* (l'an 22 à 218), la dynastie des *Tshinn* (264 à 403), et celle des *Nann'-pé-Tchâo* de 403 à 570.

Pour être aptes à recevoir la teinture, les fils de soie et de coton étaient apprêtés au moyen d'une eau alcaline, composée avec du sel marin et des coquilles d'huîtres bouillies ensemble. Aujourd'hui, on se sert partout, pour abréger le travail des ouvriers, du sulfate de fer, de l'alun, du bois de campêche, et autres substances dont les anciens ne pouvaient pas faire usage.

Les couleurs principales que les Chinois retirent du règne végétal, sont le rouge, le jaune, le bleu, l'indigo, le vert et le noir. Malgré les nombreux renseignements que nous possédons déjà sur les matières tinctoriales des Chinois, j'ai pensé que ces *Notes* pourraient encore intéresser tous ceux qui s'occupent de botanique appliquée; aussi, je n'hésite pas à les compléter dans ce but, en y ajoutant quelques indications, fournies par le Rév. Père Hélot, sur le **Lô-Kâo** ou *vert de Chine*, et celles extraites d'un récent travail de M. Natalis Rondot, sur cette curieuse substance tinctoriale.

I. — MATIÈRES COLORANT EN ROUGE.

Cinq ou six plantes produisent cette couleur. Le rouge le plus estimé se retire du **Hông-Hôa**, fleurs du *Carthamus tinctorius* Lin. (Composées-cynarocéphales), que les Chinois nomment aussi **Kan-tsé.** Pour cela, les fleurs sont récoltées avant leur entier épanouissement, pilées ensuite, et réduites en pâte. Celle-ci est soumise à la presse, et fournit une liqueur jaunâtre à laquelle on ajoute du suc de cerises ou de jujubes, afin de lui donner une belle couleur rouge. On y trempe alors les fils de coton et de soie préparés pour la teinture, et on fait sécher après une ou deux immersions. Le suc précédemment obtenu est quelquefois évaporé à siccité, et coulé alors dans des moules sous forme de tablettes [1].

[1] Loureiro (*Flora cochinch.*, p. 588) signale un procédé pour retirer des fleurs sèches du *Carthamus tinctorius* une belle couleur écarlate. Ces fleurs sont mises d'abord à macérer avec un *sel fixe végétal;* on y ajoute ensuite du

On se sert dans toute la Chine du bois d'un arbre nommé **Tsôu-fan-mô,** ou mieux **Tsôu-mô,** *Cæsalpinia sappan* Lin. (Cæsalpiniées), pour en retirer, par décoction, une couleur d'un rouge purpurin. On colore, au moyen du *Tsôu-mô*, la surface des meubles les plus grossiers, les cadres des tableaux peints sur des lames de talc ou sur verre, et une foule d'objets d'un usage journalier. Le *Cæsalpinia sappan* croît en abondance dans les lieux montagneux de la Cochinchine, d'où il est exporté à la Chine en quantités considérables. On l'emploie aussi dans la pharmacie chinoise à cause de son amertume, sous le nom de **Song-tsé.** C'est le bois de fer des Malais et des Cochinchinois.

Les racines nommées **Tsing-tsaô,** produites par le *Rubia cordata* Thumberg, *Flora japon.*, p. 60; *R. cordifolia* Lin. (Rubiacées), fournissent une couleur d'un beau rouge foncé. L'aire de végétation du *Rubia cordata* est assez étendue; on le trouve en effet dans l'Afrique australe, aux Indes orientales et au Japon (Thumberg); dans la Sibérie orientale et le bassin de l'Amour (G. Radde). Ses racines ont beaucoup de ressemblance avec celles du *R. tinctorum* Lin., qui est la *garance des teinturiers*. On emploie principalement ces racines dans le nord de la Chine et au Japon. A Tien-tsin, où j'en ai vu en quantité chez les droguistes, on se sert du décocté de ces racines pour teindre les étoffes de coton. On fixe ensuite la couleur en plongeant à plusieurs reprises ces mêmes étoffes dans une solution d'alun (**Pé-fân** des Chinois).

MATIÈRES COLORANT EN ROUGE POURPRE.

Thumberg décrit sous le nom de *Lithospermum arvense* Lin., in *Flora japonica*, p. 81, une plante à semences *rugueuses* et

suc de citrons ou tout autre acide végétal, afin d'en obtenir tout l'éclat de la couleur.

Au Japon, les femmes se servent de ces fleurs, nommées *Koo-Koûa*, pour se teindre les lèvres en rouge orangé.

à corolle *dépassant à peine* le calice. Sa racine est *fusiforme*, mince, de la longueur du doigt, *rouge* et *colorant en rouge*. Sans nul doute, l'auteur du *Flora japonica* a eu sous les yeux une plante autre que le *Lithospermum arvense* Lin., à qui l'on ne peut attribuer la diagnose suivante de Thunberg : « *Radis fus. formis, tenuis, rubra, rubro-tinctoria, digitalis.* » De plus, cette dernière plante possède une racine annuelle, grêle, pivotante, blanchâtre à l'extérieur, et non fusiforme et de couleur rouge. La corolle elle-même est pourvue d'un tube assez long et dépassant le calice.

J'ai beaucoup de raisons pour croire aujourd'hui, que le *Lithospermum arvense* de Thumberg n'est autre que le *Messerschmidtia Tournefortii* Andrez. (Borraginées), plante très abondante dans la vallée du Peï-Ho (nord de la Chine), et dans plusieurs localités de la Sibérie orientale. Ses racines vivaces sont fusiformes, longues d'un décimètre environ, et de couleur rouge foncé à l'extérieur. La seule pression de ces racines dans du papier blanc a suffi pour colorer ce dernier en rouge pourpre, et la couleur persiste encore depuis plus de quatre années que ces racines sont desséchées. Le *Messerschmidtia Tournefortii* fleurit au commencement d'avril; ses corolles blanches dépassent à peine le calice, les fruits sont globuleux et les carpelles hispides. Je l'ai rencontré communément autour des forts de Tien-Kô, près de Tien-tsin, non loin des rives du Peï-Hô.

Est-ce là le *Lithospermum arvense* de Thumberg? La description de la plante et la matière colorante des racines le feraient supposer. La certitude serait complète si la plante des forts de Tien-Kô se retrouvait au Japon.

Obs. — On se sert au Japon des baies du *Basella rubra* Lin.; Thumb., *Flor. jap.*, p. 127 (Chénopodées), pour teindre en rouge la soie et le coton. On emploie aussi la décoction des feuilles de l'*Ocymum crispum* Lin.; Thumb., *Fl. jap.*, 249 (Labiées), pour colorer en rouge pourpre les racines de raifort, les raves, et plusieurs espèces de fruits vendus sur les marchés.

II. — MATIÈRES COLORANT EN JAUNE.

Quoique le nombre des plantes qui produisent la couleur jaune soit considérable, les Chinois ont l'habitude, pour obtenir cette teinte, d'employer deux substances végétales dont il se fait, dans tout l'Empire, un commerce très important.

La première de ces substances est le **Hôei-Hôa**; ce sont les fleurs du *Sophora japonica* Lin. (Légumineuses), arbre qui croît, presque sans culture, dans toute la Chine et le Japon. On obtient de ces fleurs une belle couleur jaune de la manière suivante : on recueille les fleurs avant leur entier épanouissement; on les sépare ensuite de l'enveloppe calicinale, puis on les fait sécher au soleil, et on les conserve ainsi pour l'usage des teinturiers. Pour s'en servir, on les humecte avec de l'eau, ou bien on y ajoute du suc de fleurs fraîches de *Sophora japonica,* avec une certaine quantité de sel commun. Le tout est soumis à la presse. Il en découle une liqueur dans laquelle on trempe les pièces d'étoffe (soie ou coton) une ou plusieurs fois, selon l'intensité de couleur que l'on désire avoir.

Obs. — M. Hénon a lu en 1847, à la Société d'Agriculture, Histoire naturelle et Arts de Lyon, une Note sur le **Hôei-Hôa,** ou *plante tinctoriale* de la Chine. Il résulte des documents produits par M. Hénon que le *Sophora japonica* est acclimaté en France depuis un grand nombre d'années. Cet arbre fut envoyé de Chine à Bernard de Jussieu, en 1747, par le R. P. d'Incarville, et il se couvrit de fleurs en 1779, dans le jardin de la reine, à Trianon. On a essayé vainement de retirer la couleur jaune des feuilles fraîches ou sèches du *Hôei-Hôa,* ainsi que du bois de cet arbre, qui est dur, d'un grain fin, et susceptible de prendre un beau poli.

La deuxième matière colorante jaune la plus estimée se retire du **Koui-tzé** ou **Kin-tzé** *(Fruits d'or),* fruits secs du *Gardenia florida* Lin. (Rubiacées), qui porte aussi le nom de **Tchang-Pé-Hôa** ou *arbre aux fleurs blanches.* Cet arbuste est communément cultivé au Japon et dans toute la Chine méridionale. Ses fruits sont des capsules 1 — 2 loculaires, hexagonales, oblongues, sub-aiguës à chaque extrémité, et remplies à l'état frais d'une pulpe rougeâtre. C'est au milieu de cette pulpe que sont placées sur deux rangs, dans chaque loge, les graines petites, plates et orbiculaires. La longueur des capsules est de 4 à 5 centimètres, et leur plus grande largeur de 2 centimètres environ.

Le commerce de la teinturerie utilise le *Koüi-tzé* après qu'il a été séché au soleil, ou mieux encore à l'aide de la chaleur artificielle. La pulpe du fruit se dessèche et prend alors une teinte jaune safranée, identique pour la couleur à celle du safran cultivé (*Crocus sativus* Lin., de la fam. des Iridées). La saveur des fruits secs du *Gardenia florida* rappelle aussi quelque peu celle du safran cultivé. Pour la teinture, on traite par décoction la pulpe et les graines du **Koui-tzé**, que l'on a séparées de l'enveloppe extérieure, celle-ci étant tout à fait inerte. On trempe alors les étoffes dans le décocté, et l'on fait sécher au soleil. Cette couleur est stable et se fixe très bien ([1]).

Les fruits capsulaires du *Gardenia grandiflora* Lour. peuvent être employés au même usage. Cette dernière espèce habite au bord des fleuves de la Cochinchine.

AUTRES MATIÈRES COLORANTES JAUNES.

Tiên-siên-tân, bois du *Fibraurea tinctoria* Lour., *Flor. coch.*, p. 769; *Cocculus fibraurea* Dec. (Ménispermées). On traite par décoction les tiges de cet arbrisseau, que l'on a eu soin de piler auparavant. La teinte jaune obtenue est persistante, mais son coloris est pâle et a peu d'éclat.

Thing-Ki-Hoâng, *Reseda chinensis* Lour. (Résédacées). La plante entière, qui est commune autour de Can-tong, peut servir, comme la gaude (*Reseda luteola* Lin.), à teindre en jaune pâle ou en vert.

([1]) La Chambre de Commerce de Lyon a publié, en 1858, une Note de M. Persoz sur la teinture en jaune du *Hoâng-tzé* (Fruits de quelques *Gardenia*).

Hôang-Pé-Mô, *Pterocarpus flavus* Lour., *Fl. coch.,* p. 525 (Légumineuses). L'écorce de cet arbre, traitée par décoction, sert à colorer la soie en une belle couleur jaune, qui se fixe très bien sur les étoffes.

Kiang-Hoâng, racines du *Curcuma tinctoria* Jacq. (Scitaminées), comprenant les *Curcuma longa* Lin. et *C. rotunda* Lin. L'usage en est fort connu depuis longtemps dans la teinturerie.

Hoâng-lô, gomme gutte du commerce, retirée par incisions de l'écorce du *Garcinia cambogia* Dec. (Guttifères), arbre commun dans les royaumes de Siam et du Cambodje.

III. — MATIÈRES COLORANT EN BLEU.

Dans les provinces méridionales de la Chine, on retire des feuilles des *Indigofera anil* Lin. et *I. tinctoria* Lin. (Légumineuses) une matière colorante bleue, connue sous le nom d'*indigo* ou **Tsin-tai**.

L'*Indigofera anil,* **Lan-tsâo** des Chinois, est cultivé aussi en grand aux Indes orientales.

Afin d'obtenir le plus possible de matière colorante, on attend que les feuilles des *Indigofera* aient atteint tout leur développement. On en fait alors la récolte, et on divise celle-ci en deux parts. L'une est pilée, réduite en pâte, et soumise à la presse pour en avoir le suc, qui sert à humecter l'autre partie des feuilles triturées au préalable. Puis on ajoute un lait de chaux à ce magma, et, après que le tout a été bien mélangé, on le jette dans un sac de toile pour laisser couler l'excédant d'eau. Le reste est mis en pains (**Tiangs**) que l'on fait sécher. La quantité de chaux que l'on doit ajouter est de 1 centième du poids des feuilles pilées.

A Pé-King, on cultive en grand le **Hô-lan**, *Polygonum tinctorium* Ait. *Hort. Kew. 2,* p. 31 (Polygonées), et dans quelques provinces les *Polygonum chinense* Lin., et *P. barbatum* Lin. On retire de ces trois plantes, et par le procédé précédemment indiqué, une substance analogue à l'indigo.

Obs. — Au Japon, les feuilles des *Polygonum chinense* et *P. barbatum* sont écrasées, et transformées en une masse aplatie que l'on conserve sous cette forme pour l'usage des teinturiers.

On fabrique également une couleur bleue dite d'*outre-mer*, au moyen des fleurs fraîches du *Commelina communis* Lin. (Commélinées). Thumberg s'exprime ainsi dans son *Flor. japonica*, p. 35 :

« Petala cum furfure orizæ mixta humectantur, et massa paulò post » exprimitur. Expresso succo immergitur charta pura et humectata » siccatur, vicibus totiès iteratis, donec ipsa charta pro colore valeat. »

IV. — MATIÈRES COLORANT EN VERT.

De toutes les substances tinctoriales usitées à la Chine, la plus renommée est sans contredit le **Lô-Kâo** ou *teinture verte*, mieux connue encore sous le nom de *vert de Chine*. On a longtemps ignoré non seulement la manière dont on obtenait cette couleur, mais encore on ne connaissait qu'imparfaitement les végétaux qui la produisent.

Nous devons au R. P. Hélot, missionnaire apostolique en Chine [1], la connaissance exacte des lieux où croissent les plantes qui fournissent le *Lô-Kâo*, et des procédés de fabrication de cette célèbre couleur. Dans un travail plus récent de M. Natalis Rondot, travail dont il a été déjà rendu compte dans le *Bulletin de la Société botanique de France* (numéro d'avril 1858), l'auteur expose d'abord l'histoire du *vert de Chine* et de son introduction en France; il résume ensuite dans un chapitre spécial les renseignements obtenus jusqu'à présent sur les plantes dont on retire le *Lô-Kâo*. A cause de l'intérêt qui s'attache à cette substance, je crois devoir entrer dans quelques détails à son égard.

C'est à A-zé, non loin de la ville de Kia-hin-fou, dans la province du Tché-Kiang, que se trouvent les principales fabriques du *vert de Chine*. On l'obtient des écorces fraîches de deux espèces de *Rhamnus*, l'un nommé **Pé-pi-lo-chou** et aussi **Pa-bi-lo-tzé**, c'est à dire *à blanche peau vert buisson;* l'autre

[1] *Annales de la Propagation de la foi*, mars 1857.

Hong-pi-lo-chou et aussi **Hom-bi-lo-tzé**, c'est à dire *à rouge peau vert buisson*. Le *Pé-pi-lo-chou* est le *Rhamnus chlorophorus* Decaisne, in *Comptes rendus de l'Académie des Sciences*, juin 1857; la seconde espèce où le *Hong-pi-lo-chou* est le *Rhamnus utilis* Decaisne *(loc. cit.)*; *Rh. sinensis* Seringe. Ces deux arbrisseaux, connus des Chinois sous le nom générique de *Lô-chôu*, ont été introduits en Europe par MM. Fortune, N. Rondot, et de Montigny, consul de France à Shang-Haï.

Le *Rhamnus chlorophorus* croît sur les montagnes stériles du sud-ouest du Tché-Kiang et du Chan-tong. Il est cultivé aussi entre les 25e et 36e degrés de latitude nord, et surtout du 30e au 31e degré. Le *Rhamnus utilis* vient sans culture dans le Tché-Kiang, entre le 30e et le 31e degré de latitude nord, et peut supporter les hivers très rigoureux.

A la chute des feuilles des *Rhamnus*, les Chinois, pour qui la culture et la récolte du *Lô-chôu* sont une source de revenus, font avec les branches de ces arbrisseaux des petits fagots appelés **Lô-tza**, et ils les livrent ensuite aux fabriques aux prix de 1 piastre (5 fr. 35 c.) les 100 livres du *Rhamnus chlorophorus*, et 3 piastres (16 fr. 05 c.) les 100 livres du *Rhamnus utilis*.

Dans les fabriques, on enlève avec un couteau l'écorce fraîche des grosses branches, et on écrase au pilon les petits rameaux; on met ensuite dans une chaudière 12 livres de ces écorces et 150 livres d'eau, et l'on fait bouillir. Il se forme alors une écume blanche, qui passe plus tard au rose avec le *Hong-pi-lo-chou*, et qui reste blanche avec le *Pé-pi-lo-chou*. Le tout est versé dans un grand vase, et on laisse macérer, pendant quarante-huit heures, le décocté du *Hong-pi*, et pendant dix jours celui du *Pé-pi*. Après ce temps, on ajoute dans la liqueur une petite quantité de lait de chaux, et le décocté est propre à la teinture.

On teint les étoffes de soie et de coton en les plongeant sept à dix fois dans la teinture du *Hong-pi*, et on finit l'opération par trois immersions dans le décocté du *Pé-pi*, en ayant soin de faire sécher après chaque immersion. La décoction du

Rhamnus chlorophorus donne une couleur plus vive que celle du *Rh. utilis,* mais sans lustre ni reflet; celle du second donne une teinte plus faible, mais avec un reflet magnifique.

La matière colorante verte, ou le **Lô-Kâo**, s'obtient de la manière suivante : on enlève, par cinq à six lavages à l'eau claire et froide, l'excès de couleur dont les toiles sont chargées par suite de leur trempage dans les décoctés du *Lô-choû*. Ces eaux de lavage sont réunies dans une grande chaudière, et l'on fait bouillir, après avoir eu la précaution d'étendre à leur surface une épaisse couche de filaments de coton qui retiennent le *Lô-Kào*. En lavant ce coton dans de l'eau fraîche, il s'en détache une matière pulvérulente, verte, très fine, qui se précipite au fond du vase. On décante, et on fait sécher la bouillie qui reste, en l'étendant en couche mince sur une feuille de papier de trace, que l'on place sur de la cendre chaude, ou mieux encore en l'exposant au soleil.

Le **Lô-Kâo** ainsi obtenu, se trouve, sous forme de petites lames minces, très friables, d'une couleur vert foncé et s'altérant facilement à l'humidité. On le conserve dans une peau renfermée elle-même dans un vase contenant de la chaux vive, qu'il faut avoir soin de renouveler quelquefois. Son prix en Chine est d'environ 225 fr. le kilogramme. Cette substance étant devenue en France l'objet d'un commerce important, son prix en est encore fort élevé. En 1853, la Chambre de Commerce de Lyon en a reçu 5 kil. au prix de 386 fr. le kil. M. Persoz nous apprend que le *Lô-Kào* s'est élevé, à Lyon, jusqu'au prix de 750 fr.; mais le plus souvent il a été payé de 400 à 500 fr.

Obs. — J'ai rencontré dans une droguerie de Tien-tsin (avril 1861) une sorte de *vert de Chine* nommé **Liôu-yû-pi.** Cette matière colorante provenait des écorces d'un arbrisseau, commun, au dire du marchand, dans les montagnes, au nord de Pé-king. Ce *vert* était enveloppé dans des feuilles de papier de trace, et se trouvait sous forme de lamelles très minces et d'une couleur vert foncé. On le vendait principalement aux peintres et aux dessinateurs sur papier. Son prix m'a paru être d'environ 1 fr. le gramme.

V. — MATIÈRES COLORANT EN NOIR.

La plus grande partie des vêtements du peuple chinois est teinte en noir, cette couleur n'étant point, comme en Europe, le signe extérieur du deuil des familles. La teinture noire ne s'obtient pas directement des matières végétales, mais bien d'une dissolution de *sulfate de protoxyde de fer*, mélangée avec des liqueurs tanniques. La couleur noire des Chinois n'est donc autre chose qu'une solution de *tannate de fer*, que l'on fixe sur les étoffes au moyen d'un trempage dans une dissolution d'alun. Cette teinture n'est pas bien solide, et les étoffes se fanent et se déteignent promptement. Je n'ai à m'occuper dans ces notes que des substances astringentes employées pour avoir des solutions tanniques.

Au premier rang se placent les galles ou coques de Chine, nommées **Ou-pei-tzé** et aussi **Yen-fou-tzé.** Ces coques sont produites par un petit insecte hémiptère, l'*Aphis chinensis* Bell. ou *puceron chinois*, et croissent sur les feuilles du *Dystilium racemosum* Sieb. et Zuccar. (Hamamélidées), grand arbre du Japon et du sud de la Chine. Elles sont de forme très irrégulière, allongées, et quelquefois de la grosseur d'un œuf de poule. Leur enveloppe extérieure est solide, mince et très fragile. La substance qui les compose est jaunâtre, à cassure lisse, et la saveur excessivement astringente. On les emploie journellement dans la thérapeutique chinoise ; mais la teinturerie en fait une grande consommation, et, pour ce seul objet, il s'en fait un commerce très important dans tout l'Empire.

La teinture noire se fabrique comme notre encre ordinaire. Les coques étant pulvérisées, sont mises à bouillir dans une chaudière, et l'on ajoute au décocté une certaine quantité de sulfate de fer importé par le commerce étranger. Les étoffes sont trempées à plusieurs reprises dans la teinture, et la couleur est fixée par une dernière immersion dans une solution d'alun. On emploie également les substances suivantes, qui renferment plus ou moins d'acide tannique :

Lô-tong, galles dures, pesantes, d'un gris noirâtre à l'extérieur, peu hérissées et de la grosseur de nos galles d'Alep. Elles proviennent de la province du Chan-tong, et sont probablement recueillies sur les branches du *Quercus castaneæfolia* Mey. (Cupulifères.)

Mo-tché-tzé, petites galles couronnées, dures, pesantes, semblables à la galle d'Alep. J'ai lieu de croire qu'elles sont importées à la Chine par le commerce européen.

Hei-pi ou bien **Oû-pei**, écorces sèches du *Quercus castaneæfolia*.

Hôei-mo, fruits secs et noirâtres, d'un *Prunus* ou d'un *Cerasus* indigène. On les trouve en quantités considérables chez tous les droguistes, qui les vendent pour la teinture en noir.

Au Japon, on se sert des fruits desséchés du *Betula alnus* Lin.; Thumberg, *Fl. jap.*, p. 76 (Bétulacées), et nommés *Ja-sia* par les Japonais, pour en composer une teinture noire. On trouve fréquemment ces fruits chez tous les droguistes.

VI. — NOMENCLATURE DES COULEURS EMPLOYÉES EN CHINE.

Chy̆-xé .... couleur violette.
Fo' .... mélange de noir et de bleu.
Foù .... gris, mélange de blanc et de noir.
Hân .... couleur rouge de vin.
Haò et **Hiaò** .... couleur blanche.
Hê ou **Hei** .... couleur noire.
Hiâo .... couleur verte.
Hiên .... couleur rouge-jaune (orange).
Hiêou .... couleur noire brillante ou vernissée.
Hoâng .... jaune.
Hŏng .... cinabre ou vermillon.
Hóu .... espèce de bleu.
Houan et **Hûn** ...... couleur rose.
Hy̆ .... rouge foncé.

Hiouĕn............ bleu de ciel.
Kang............. couleur violette.
Kào............... clair et blanc.
Kiáng............. rouge foncé.
Kiào............. très blanc.
Kié et **Kiĕn**........ noir foncé.
Kĭn............... couleur jaune d'or.
Ki'ň.............. couleur noire mêlée de jaune.
Kuén.............. belle couleur blanche.
Ký................. couleur bleue mélangée de blanc.
Lan............... bleu indigo.
Lŏ.............. couleur jaune.
Lô................ couleur verte.
Lŏu............... couleur noire.
N'gan........... *idem*.
Ouên.............. couleur jaune et rouge.
Pĕ et **Piâo**......... couleur blanche.
Sy̆............... *idem*.
Tă................. couleur blanche mêlée de noir.
Tân............... couleur rougeâtre.
Táng et **Táy̆**....... très noir.
Tchîng............ couleur rouge vif.
Tchè.............. couleur de chair.
Tién.............. couleur bleue indigo.
Tsè............... couleur mêlée de noir et de rouge.
Tsê............. couleur noire.
Tsièn.............. couleur tenant le milieu entre le noir et le bleu.
Tsîng............ couleur bleue.
Tóu................ noir foncé.
Tsày̆........... de diverses couleurs.

Obs. — La nomenclature qui précède, extraite en partie du *Glossarium sinico-latinum*, m'a paru devoir être utile pour bien faire comprendre le sens des termes employés par les Chinois pour désigner leurs diverses couleurs.

Je ne me suis occupé dans ces *notes* que des matières colorantes extraites des végétaux. Sans doute, il aurait été intéressant d'indiquer, dans un chapitre spécial, quelles sont les couleurs que les Chinois retirent des minéraux. Les renseignements précis à ce sujet me manquent pour remplir cette lacune. Il faudra d'ailleurs se rappeler que les substances dont il s'agit ne trouvent aucun emploi dans la teinture des étoffes, et sont presque exclusivement réservées aux peintres et aux dessinateurs.

Avril 1866.

Bordeaux. — Imprimerie G. Gounouilhou, rue Guiraude, 11.

www.ingramcontent.com/pod-product-compliance
Lightning Source LLC
LaVergne TN
LVHW052042160826
845678LV00003B/1479

* 9 7 8 2 3 2 9 6 1 8 6 5 4 *